커피같은 사람

Over a Wall Poetry
21

소리로 읽는 책

이 책에는 글을 읽을 수 없는 분들을 위한
점자·음성변환용코드가 양면페이지 우측 하단에 있습니다
별도의 시각장애인용 리더기 혹은 스마트폰 보이스아이 어플을 사용하여
즐거운 시 감상이 되기를 바랍니다
voiceye.com

Over a Wall
Poetry
21

커피 같은 사람

이종덕 시집

2015 ⓒ 이종덕

■시인의 말■

  계절이 깊어간다. 바람 소리도 크게 들리고 햇빛이 주는 그늘도 더 커 보이고 그런데 상대적으로 나는 작아진다.

  곰곰이 생각해 보니 나는 이순을 맞이할 관념에 들어선다. 논어에서는 인생에 경륜이 쌓이고 사려와 판단이 성숙하여 남의 말을 받아 들일 줄 아는 나이라고 하는데 이제 천지사방으로 마음을 열어보려고 한다. 마음이 열리니 자연 귀도 열리리라 믿는다.
  그 또한 어려울 것이 무엇이랴. 단지 아직도 살아 있는 오욕칠정이 나를 건드리고 두드리지만 않는다면 그 또한 자연스럽게 지나가는 과정이리니…….

  그동안 사랑이 주는 설렘의 감정이 비단 이성에 대해 애틋함이 아닌 내 주변의 모든 대상에 대한 그리움이요 간절함임을 새삼 알았다. 이순에 대한 나의 절실한 심정이라고 할까, 예의라고 할까.

이제 고독한 시간이 아니라 더불어 함께하는 삶으로 모든 것을 순연하게 마무리하고 싶음도 나이가 주는 겸손함이다.
늘 나에게 힘이 되어준 가족에게 감사한 마음을 전한다. 더불어 곳곳에서 나의 살아가는 힘이 되어 준 지인들께도 감사의 마음을 전하다.

계절이 깊어가면서 모두가 찬란한 결실을 맺기 바라며 『커피 같은 사람』 시집 제4권에 대해 이 고마움을 만배로 돌려드리고 싶다.

인천 남구 주안동 서재에서
이종덕 씀

■ 시인의 말 _ 4

1부 당신의 찻잔이 되어

당신의 찻잔이 되어 _ 12
정과 사랑 _ 13
눈을 감아 보세요 _ 14
사랑은 오래 참는 것 _ 16
계절에 기대어 _ 17
바라볼수록 _ 18
가을편지 _ 19
별 하나에 이름을 _ 20
꽃보다 당신 _ 21
사랑의 밧줄 _ 22
사랑이라면 _ 23
커피 _ 24
연인 _ 25
가시가 돋아난 전설처럼 _ 26
가슴이 아픈 것은 _ 27
이름 따라 사는 생 _ 30
눈 내리는 날 _ 31
바람 불어 좋은 날 _ 32
꽃이 지는 이유 _ 33
그림자 _ 34
멀리 있을수록 _ 35
늦가을 연서 _ 36
우리 이제 하나 되어 살아요 _ 37

2부 행복의 그릇

행복의 그릇 _ 40
2월에 부쳐 _ 41
숲길 _ 42
겨울 들녘 _ 43
어느 봄날에 _ 44
그리워하자 _ 45
밤, 빗소리 _ 46
징검다리 마음 _ 47
달맞이꽃 _ 50
비 내리는 날 _ 51
눈물 강 _ 52
비와 그리움 _ 53
겨울 사색 _ 54
안부 _ 55
눈이 만든 마음 _ 56
흐르는 강물처럼 _ 57
그림자 _ 58
그리움의 기억 _ 59
그날은 하늘이 붉었습니다 _ 60
겨울 바다 _ 63
기억의 눈을 감고 _ 64
그냥 생각합니다 _ 65

소리로 읽는 책
이 책에는 글을 읽을 수 없는 분들을 위한
점자·음성변환용코드가 양면페이지 우측 하단에 있습니다
별도의 시각장애인용 리더기 혹은 스마트폰 보이스아이 어플을 사용하여
즐거운 시 감상이 되기를 바랍니다
voiceye.com

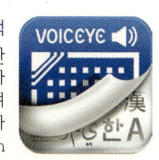

차례

3부 커피 같은 사람

커피 같은 사람 _ 68
유유히 흐르는 강물 _ 69
소백산 편지 _ 70
아픔을 안다면 _ 71
뒷모습이 아름다운 그대 _ 72
인연 하나 _ 73
너를 사랑하기에 _ 76
파도의 추억 _ 77
길 위에서 _ 78
오솔길 산책 _ 80
억겁을 돌아 피고지고 _ 81
그대 뒷모습 _ 82
소망所望 _ 84
가을빛 사랑 _ 85
그리움의 뿌리는 _ 86
고백 _ 87
봄빛 물살이 흐르는 저편 _ 88
그대의 향기 _ 90
나로 하여 _ 91
기대고 싶은 마음 _ 92
하늘에 걸어 둔 마음 _ 93
가을 연주 _ 94
가을, 고독아 _ 95

4부 중독된 향기

이종덕 4시집
커피 같은 사람

중독된 향기 _ 98
잊지 마요 _ 99
이별 _ 100
불면의 나날 _ 101
조가비 눈물 _ 102
당신의 전화를 기다리는 동안은 _ 104
또 다른 나에게 _ 105
산행 후에 _ 108
내가 가는 길 _ 109
당신의 미소 _ 110
추억을 위한 래시피 _ 111
독백 _ 112
갈바람 _ 114
연꽃 _ 116
무아지경 _ 117
희망의 무지개를 찾아 _ 118
인생에게 _ 119
일몰의 시간 _ 120
내 인생의 달력 _ 121
국학기공 _ 122
북놀이 _ 124
진도북놀이 _ 126

소리로 읽는 책
이 책에는 글을 읽을 수 없는 분들을 위한
점자·음성변환용코드가 양면페이지 우측 하단에 있습니다
별도의 시각장애인용 리더기 혹은 스마트폰 보이스아이 어플을 사용하여
즐거운 시 감상이 되기를 바랍니다

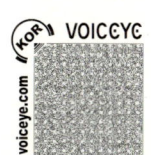

눈물강이 되어 흘러간다고 해도
당신이 하늘 아래 존재하는 이유만으로도
설레는 마음을 온전히 들키고 싶어요
그리움도 하늘에 가득 하네요

4부
당신의 찻잔이 되어

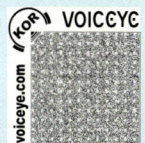

당신의 찻잔이 되어

그리움이 온몸을 파고드는 밤
지금 당장 곁으로 가서 찻잔이 되었으면
당신이 잠든 침실이면 어떻고
묵향 그윽한 거실이면 어떠하리

온화한 손에 쌓여 부드러운 입술에 닿고
한 모금 당신의 목으로 넘어가면
당신의 가슴 속에 내가 얼마만큼 차지하고 있나
살짝 아주 조금 엿보기도 하고

당신이 별을 헤아리면 그윽한 향기를 품어
부드러운 음악 같은 평온을 듬뿍 안겨주고
찻잔이 되어 날마다 함께 지낼 수만 있다면
이렇게 정말 원이 없겠다

정과 사랑

정은
현실로 이어지는 꿈

사랑은
감싸주는 따뜻한 동행

정은
강렬한 느낌의 부드러운 대화

사랑은
세심한 관심 속 수줍은 미소

어우러지면
평화로운 태양처럼 찬란하다

눈을 감아 보세요

눈을 감아 보세요
정신없이 달려가는 세월도 잠시
흐름을 멈추고 일상의 분주하고
가난한 시간이 정지할 테니

눈을 감고 보아요
마음에 남은 무모한 상처들
외롭고 아픈 회한에 덧입힌 슬픈 상흔에게
무릎 꿇고 용서를 빌고 싶을 테니

눈을 감아 보세요
희미한 안개처럼 경계가 없던
그리움의 농도 가슴에 파문을 그리며
그대 정겹게 사랑할 수 있을 테니

눈을 감고 보아요
꿈처럼 모호하고 어지러운 상념
북극성 섬광 평화로이 춤추는 나비처럼
심신이 가벼워질 테니

그대 눈을 감아 보세요
그대 눈을 감고 보아요

사랑은 오래 참는 것

배고픔 뒤에 먹는 맛이 일품이듯
사랑이라는 환희를 맛보려면
그리움을 석쇠 위에 올려놓고
정성스레 구워야 한다

눈 마주쳐 설레던 그 아름다운 날
좋은 기억 하나씩 올려가며
이리저리 뒤집어 익히는 긴 기다림
그렇게 오래 참는 것

계절에 기대어

미동도 없는 차가운 겨울을 지나
속마음 열며 이제는 내가 나설 차례라며
변화되는 계절에 걸터앉은 봄
힘찬 발걸음을 한다

지나는 길목 서성이는 연초록의 향연
시위는 강열하다 진한 야생화 향기
4월의 풋풋한 그리움
아지랑이 가물가물 움튼다

지친 몸 봄을 그린다
애틋한 마음 일렁이는 눈물
고독했던 냉가슴 아스라이
사라져 간다

긴 계절 시간마저 벅차던 삶
짙은 그리움 푸른 하늘을 쳐다보지만
또 다른 계절에 기대어
다른 꿈을 꾸어 본다

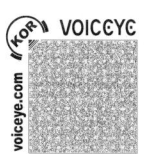

바라볼수록

그대가 바라보니
막 피어나는 목련처럼 수줍어요
젖빛 속 살 들어내듯 한겹 한겹
당신 앞에서만 마음을 드러낼래요
그대의 환한 웃음 앞에 어쩔 수가 없어요
물 위를 건너오라고 해도 기쁨으로 달려갈 테니
이렇게 겨우 만났는데 애절함으로 건너는 오작교
눈물강이 되어 흘러간다고 해도
당신이 하늘 아래 존재하는 이유만으로도
설레는 마음을 온전히 들키고 싶어요
그리움도 하늘에 가득 하네요

내 옆에 항상 그대 있었으면

가을편지

들은 노랗게 익어가고
산은 날마다 붉게 타오르고 있어요
코스모스가 흔드는 하늘
왜 저리도 높고 푸른지요

서걱대는 바람에 고추잠자리 꽁지도
단풍빛깔보다 더 빨개졌고요
이 계절 밑을 지나가기가 너무 쓸쓸해
주저앉아 가을을 씁니다

겉봉투에 그대 귀하라고 써서 부쳤는데
제대로 배달이 되려는지
그냥 세상 저편으로 날아가는
기러기 편에 실어 보낼걸 그랬나 싶어요

누구라도 이 편지 보시거든
귀뚜라미 서러운 갈대숲으로 오실래요
별빛 머금고 피어난 들국화 아름 따서
그대가 되어준 그대에게 한껏 안겨 드리리

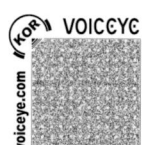

별 하나에 이름을

가슴에 가만히 새겨주고 싶은
반짝반짝 빛나던 나만의 별
홀로 더없이 빛나던 무명의 빛이
가슴에 피어나던 때가 있었지

오감 피어올라
슬픔으로 가득 채웠던 시간
흐느적흐느적 움직이며
애간장 태웠던 세월

오롯이 빛나던 별
어느 순간 사그라져 버리고
가슴에 가만히 새겨주고 싶은
이름 하나 있었지

꽃보다 당신

세상에 미운 꽃은 하나도 없습니다
웃지 않는 꽃도 없습니다
속까지 들여다볼 수는 없지만
이슬 머금은 꽃잎은 가슴 설레게 하는
황홀한 눈부심입니다
향기는 향기대로 색깔은 색깔대로
행복을 주는 꽃

그러나 꽃보다 더 아름다운 사람이 있습니다
바로 이 글 읽고 있는 당신
살며시 귀에 대고 한 마디 건넵니다
당신은 참 예쁜 꽃이라고
미소로 화답하는 청초한 눈빛
진정 세상에서 가장 아름다운
꽃보다 당신

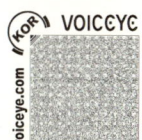

사랑의 밧줄

허공으로 사라진 그댈 그리며
공허한 추억 꺼내
그리운 조각을 맞추고 있는 나

만날 수 없는 그리움
마음속 깊이 자리한 슬픔 속에
저 멀리서 그대 미소가 나를 위로한다

망부석이 되어 한없이
임 계신 곳 바라보며
임의 그림자가 되고 싶은 나

그리움의 배 그대 곁에 매어두고
단단한 사랑의 밧줄로
영원히 그대 옆에 머물고 싶다

사랑이라면

있는 그대로를 받아들여라
받아주는 것 자체가 사랑이니까
아름답고 소박하고 착한 것만 사랑한다면
세상은 냉혹해지고 진실도 없다
알고 보면 세상에 존재하는 것들은
모두 상처와 흠집이 있다
보라, 찬란한 아침에 핀 청초한
꽃에도 흠집이 있지 않은가
흠집마저도 덮어 주어라
사랑이라면

커피

그는 만인의 연인이고
공공의 적이다

달콤 쌉쌀한 새침데기
마음을 계속 당기는
배신의 통증과 불면의 시간
가슴을 두드리는 그 무엇
애환과 애증이 겹치는
검은 다이아몬드

위로와 평안을 주는
마법의 선물이다

연인

아늑한 만남 다정한 연인들
커피 향 가득한 사랑의 숲에서
무슨 이야기를 할까
얼굴을 마주하고 미소를 주고받으며
가벼운 손장난 때로는 과장된 몸짓
사랑은 이렇게 시작되겠지

한량없는 관심으로
사랑은 꽃처럼 피어나고
온 세상은 녹색 정원이 되어
아름답게 흐르겠지요
이 순간 영원히 함께하기를
사랑은 마음만으로도 행복이니

하나가 아닌 둘이라서 행복한
우리는 연인

가시가 돋아난 전설처럼

신이 아름다운 장미꽃을 피우자 사랑의 전령사 큐피드는 그 아름다운 장미꽃을 보고 너무나 사랑스러워 꺾으려고 했다네 그때 꽃의 친구인 벌이 화가 나서 큐피드를 사정없이 쏘았지 지켜보고 있던 여신 비너스는 고통에 아파하는 큐피드가 안쓰러워 벌침을 빼내 장미 줄기에 붙여 놓았다네 사랑은 아름다울수록 꺾지 말고 오래오래 바라보는 것이라네 큐피드는 여전히 장미를 사랑했지만 그저 바라만 보며 애를 태우고 있었다네 어느 날 큐피드의 진심이 장미의 마음에 닿아 장미는 가시를 지우고 큐피드를 안아줬다네

    우리 사랑도 바라볼 수만 있어도 좋은 사랑이었으면
    아픔까지도 진실로 감수할 때
    비로소, 장미의 마음이 열리듯이

가슴이 아픈 것은

내가 슬퍼하는 건
그의 고운 눈빛을 날마다
볼 수 없기 때문이 아닙니다

내가 외로워하는 건
그가 스쳐 간 자리에 남아 있는
흔적 때문이 아닙니다

내가 그리워하는 건
내 가슴속에 살아 숨 쉬는
그 사람 숨결 때문이 아닙니다

내가 괴로워하는 건
사랑하는 그를
곁에 둘 수 없기 때문도 아닙니다

다만, 이렇게 가슴이 아픈 것은
자꾸만 멀리 달아나는 그를
사랑하고 있다는 사실 때문입니다

이름 따라 사는 생

용설란 황금염좌 명월 구미리
산세비에리아 천대전금 사마초 불야성
버클리 사막의 장미 맨도사
밤에만 피어나는 야화처럼 화려하고
뜨겁고 풍성함 속이 멋질 것 같은
많은 눈길과 손길이 필요할 것 같은 이름이다

그러나 아니다
낮은 온도와 적극적인 무관심에서만 살아 가는
물이 없는 사막 같은 시간만이 살 수 있는 조건인
베란다 구석에 널린 다육식물의 이름이다
스스로 피어나고 알아서 멸하는 존재지만
비스듬한 햇살에도 방긋 웃어주는 그 질긴 생명
오늘 세상에 가득하다

눈 내리는 날

그리움 한 줌 잔잔한 음악 한 곡
사뿐히 내려앉는 눈송이가 정겨운 날
향내 진한 커피 한 잔 들고
창가에 서서 눈 덮인 산야를 바라보면
숨 쉬는 순간 순간이 행복입니다

계절은 정말 솔직하나 봅니다
뜨거운 가슴에 스치는 기온이
제법 차갑게 쓸어내리니까요
훈훈한 입김이 그리운 오늘
외로움도 하얗게 덮었으면 합니다

바람 불어 좋은 날

너무 잘하려고 하지 마세요
어깨에 무거운 짐 가득
온몸이 저리고 아파지잖아요

너무 참으려고 하지 마세요
가슴이 답답하고 먹먹해서
울 수도 없어지니까요

모든 걱정 시름 내려놓아요
한 번 가면 오지 않는 시간인데
걱정은 등 뒤로 던져 버려요

오늘 아침도 해는 떠오르고
여름 지나 산들거리는 가을바람
열매 맺을 수 있게 불어오잖아요

꽃이 지는 이유

다정하게 쓰다듬으며 사랑한다 말해도
물을 주는 것을 모르는 사람은
사랑할 자격이 없다

성장통까지 보살펴 주는 것이
진정한 사랑이라는 것을 꽃도 안다

얼마나 아파해야 하는지 모르는
사람 곁에서 피었다가
창백한 얼굴로 사라져 가는 슬픈 꽃

사람들아, 꽃이 왜 쉽게 지는지
이유를 알겠는가

그림자

때론 짧게 때론 길게
때론 둥글게 드리우는 너는
내 유일한 친구

힘들 땐 앞에서 지칠 땐 뒤에서
외로울 땐 곁에서 변함없이 지켜준
다정한 내 연인

마음이 흐린 날엔 가슴 쓸어주고
밤이면 내 품에 안겨 소곤소곤 꿈꾸는
사랑하는 동반자

긴 세월 쌓아온 끈적끈적한 인연
고운 정 미운 정 부둥켜안고
너 따라 나 따라

그렁저렁 살자
저 세상 갈 때까지
우리 함께 가자

멀리 있을수록

보지 못하고
만질 수 없어도
가슴으로 쌓은 신뢰와 진실
만나는 날

인내로 매어둔 옷고름
스스럼없이 풀 수 있는 그 환희

멀리 있을수록
믿음 하나로 사르르
눈 감을 수 있는 아름다운 사랑
멀리 있을수록

늦가을 연서

온몸에 물을 들이면 어떨까 하고
노랗게 불을 밝히는 은행잎이 말을 건넨다
단풍잎이 먼저 빨갛게 물들어
온 마음을 꼼꼼히 읽어 내린다

무채색 시간 더럽히지 않는 범위에서
어쩌면 진실을 가장하고
누군가에게 동화되려는 가면 속의 나는
오십 여년 삶이 송두리째 물들고 있어

또 하나의 열매를 얻기 위해 몸살을 앓는다
마지막 잎사귀 희망의 끄트머리에 매달고
울긋불긋 형형색색 그대에게
가을 연서를 쓴다

우리 이제 하나 되어 살아요

항상 웃으려 애쓰지 마세요
때로는 슬프고 우울하다고 얘기해 주세요

많은 감정 숨겨두고
마냥 좋은 것만 말하지는 않겠습니다
나로 인해 한 번 더 웃으면 좋겠습니다
바쁜 나날 항상 같이 있을 수는 없지만
아주 조금만이라도 배려하고 아끼면서
처음 마음으로 지냈으면 좋겠습니다
눈짓 몸짓 무엇을 말하는지 아는 우리
함께 흐르고 창공을 날고
나란히 서서 숲을 이루는 우리

이제 하나 되어 가면 좋겠습니다
하나라는 기쁨을 맛보면 좋겠습니다

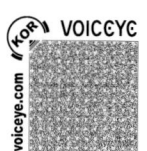

싸한 설움
목구멍에 들어와 온몸을 휘젓더니
그리움마저 취해
비틀거리네

2부
행복의 그릇

행복의 그릇

행복의 조건은 무엇일까?
어디에 잣대를 두어야 하나

가진 것이 없어도 마음 씀씀이가 넓은 사람
소박한 밥상에서 맛있게 웃는 사람
자신의 현실을 직시하고 성실게 사는 사람
그가 바로 행복한 영혼의 그릇을 가진 사람이다
마음을 비우고 남을 먼저 배려한다면
그 행복의 그릇은 점점 더 커지기 마련이다

바로 자기 자신 속에 있다고 생각하면
가진 것 없어도 행복해진다

2월에 부쳐

나이가 들수록 마음 다스리기 어려워
좋아도 그만 싫어도 그럭저럭
어느 때보다 중용을 요구하네
마음 한구석 아이 같은 어리광 숨어서
이리저리 재보고 속으로 아우성이지만
겉으론 시치미 뚝 떼고
짧아 아쉽다고 불쌍히 여긴 2월
고집불통 노인네 투정처럼
간다, 안 간다, 세상살이 투덜투덜
안간힘으로 잡고 있는 듯하다

세월 가는 것이 2월처럼 힘들까?

숲길

아무도 없는 적막한 숲길에
잠시 마음 내려놓고 숨을 몰아쉬니
반기는 산새 소리 가슴을 치고

서로에 기대어
오순도순 살아가는 생명이
눈물겹도록 아름답다

수많은 생명이
사는 향기로운 숲 사이로
누군가 지나간 흔적이 있다

어디로 간 것일까
깊고 깊은 숲 저편
산허리를 돌아 사라진 발자국

길 끝에 누가 있는지
사무치도록 만나고 싶은 마음에
서두르는 발길 속절없다

겨울 들녘

삭막하게 텅 빈 겨울 들판
다가가 보기 전에는 아무것도 볼 수가 없어
황량한 들판 속에 매서운 칼바람 휘몰아치면
더더욱 아무것도 보이지 않는다

시린 눈발에 얼어붙은 땅의 품 안을 들여다보면
봄을 기다리며 뒤척이고 있는
두런두런 오밀조밀 소리가 모여 있다
겨울 들판 거닐며 아무것도 없다고 하지 마라

겨울 속에 또 다른 새 생명
희망이 있다는 것을 봄의 기운들이 말한다
매운바람 맞고 움트는 겨울 들판에
따스한 햇볕을 기다리고 있다

겨울 들녘은 꿈을 품고 있다

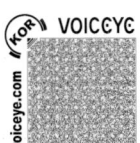

어느 봄날에

먹이를 기다리는 새의 시간
외발 백로 한 마리가 제철을 만나
논 한가운데 서서 한곳에 집중하고 있다

기다림에 시간은 길어지고 있는데
갑자기 날개를 활짝 펼치며 잽싸게
주둥이로 먹이를 낚는다

풀빛 찬란한 시간에 홍조를 띄우는 봄날
오롯이 먹이를 만난 백로의 날갯짓
그리 아름다울 수가 없다

그들 속에 나도 끼어들어
귓불 스치는 살가운 봄바람 맞으며
따스한 햇볕 속에 스며들고 싶다

그리워하자

가끔은 그리움에 목말라 하자
메마른 사막에 숨어 있는 목을 축일만큼
작은 그리움이라도
늙어가는 세월 가볍게 포장해
핑계처럼 억지라도 그리워하자

진홍빛 동백 피어 첫사랑처럼 아픈
아련한 시간을 잡아 매두고
슬픔마저 위장해서 그리워하자
가끔은 누구도 아닌 나를 향한 그리움에
눈물 글썽이게 했던 사람을 그리워하자

밤, 빗소리

임 오시는 소리인가
창문을 열어보니 추적추적 밤비
찾아올 사람도 없는데
밤새 창문 두드리는 몹쓸 소리

마음 기댈 곳 없어
서성이는 텅 빈 가슴 쓸어내리며
옆집 빈대떡 냄새 안주 삼아
혼자 마시는 한잔 술

싸한 설움
목구멍에 들어와 온몸을 휘젓더니
그리움마저 취해
비틀거리네

징검다리 마음

한발 한발 내딛는 징검다리
돌 틈 사이로 흘러가는 물결 속에
귀여운 물고기 먹이 찾느라
서로 스쳐 가며 폴짝폴짝 뛴다

맑은 물속 다른 세계가 춤을 추는데
먹이 찾던 작은 물고기
발자국 소리에 놀라 화들짝
발길 밑에서 다시 자유롭구나

봄비 흐르는 징검다리에
빗방울 장단치는 은빛 물결이
마음에 붉은 빛 받아
더욱 아름답다

홍조 띤 볼 빛나던 그대 눈동자
이슬방울 맺히며 나를 떠나던 그날
비 맞으며 둘이 걷던 징검다리
오늘은 홀로 건너고 있네

달맞이꽃

달이 뜰 때만 핀다는 월하향
수줍은 새색시 같은 얼굴로 피어나지만
그 향기 요염하다
밤에만 은은하게 웃음 날리는 야래향
길 가던 상현달이 주춤주춤
얼굴을 붉히며 서둘러 떠나간다

가슴 설레는 향기로 세상을 온통
불면 속에 빠지게 하는구나
노란 만월보다 더 가득한
달맞이꽃 만나러 어디로 갈까
부인병에 만병통치약이라
조용히 그대를 위해 어디로 갈까나

비 내리는 날

빗줄기 한 가닥 가슴 툭 치고 지나가면
잃어버린 것들의 상념에
오던 길 자꾸만 뒤 돌아본다

긴 세월 허리 휘도록 들어앉은
파란 추억 찾아
빗물 속에 스며들고 싶다

저만치 빗속으로 스쳐 가는 것들
하나둘 떠올리며
아련한 기억 속으로 걸어간다

떠나는 발걸음이
그리 무겁지 않았던 그 옛날의 순수함
돌아갈 수는 없을까

무심코 지나온 허황한 거리
누군가 비에 젖어 걸어갔을 이 길을
오늘은 내가 젖어 걷고 있다

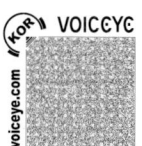

눈물 강

봄을 기다리는 비가 오네요
아무도 없는 오지에서 커피 잔을 기울이며
그대를 기다리고 있어요

창문을 두드리는 빗소리가
마치 당신이 나를 부르는 것 같아
가끔 기웃거리기도 합니다

당신을 기다리는 모습은
초라하지만 마음은 기쁘기만 합니다
오지 못하는 당신의 마음을 아니까요

나는 또 아무도 없는 정적 속에서
초점 없는 눈에 눈물이 스미지만
기다림은 오늘도 계속되고 있지요

너무 오랜 시간 기다리게 하지는 마세요
당신을 기다리다 지쳐서
내 눈물의 강이 넘치지 않게요

비와 그리움

비가 추적추적 거리를 가로질러
그리움을 몰고 온다

슬픈 추억을 가만가만
더듬으며 이야기하란다

그대의 냉정한 가슴속으로
내 그리움을 던져 녹여내고 싶다

오늘 같은 날은 하얀 구름 만드는 담배
깊게 물고 거리로 나서고 싶다

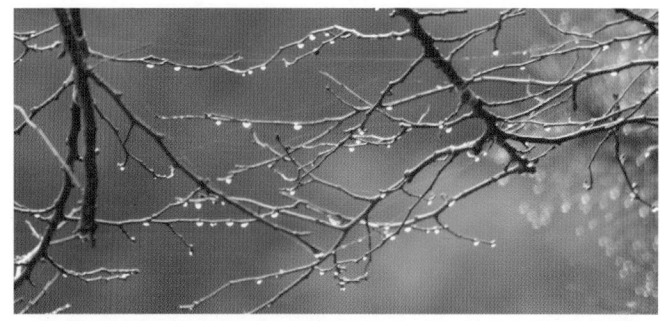

겨울 사색

겨울 햇살이 따사로이 비춥니다
창을 넘어오는 반가운 봄
풋풋한 흙 내음 살살 풍기는 오수 속 꿈길에서
오십 평생을 울고 웃으며 기억했던
임이 그리워 눈물이 납니다
속절없이 단절된 고향의 봄에게
수화기를 들고 예전처럼 안부를 묻고 떠들며
얘기하고 싶습니다
겨울 속에서도 봄은 어김없이 오건만
한번 떠나간 임은 다시 못 오시고
분분한 매화꽃은 어김없습니다

안부

어쩌다가 버릇처럼
생각하게 되었느뇨
온종일 생각을 가득 메운
그대가 어김없이
모든 사방에서 달려옵니다

바람이 부는 날
은행나무 층층이 떨어지는
빗소리가 궁금하고
구름이 어디에 걸려 있는지
바다에 빠졌는지
매일매일 궁금합니다

서로에게 길들여져
잠시라도 떨어지면 보고 싶고
귓전에 맴맴 거리는 소리
기다림에 병이 되어
그리움이 됩니다
총총 안부를 놓습니다

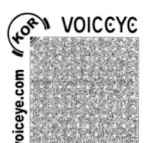

눈이 만든 마음

순백으로 뒤덮인 설악산
겨울나무에 솜털 옷을 입혔네

맑고 푸른 능선마다
하늘의 사랑을 다 받은 듯이
온 누리를 따뜻하게 해 주내요

솜털 날리듯 내리는
하얀 눈길을 걸어가노라면
사각사각 발 아래에서
행복한 숨소리가 들려옵니다

눈 내린 신비한 순백의 나라에서
사랑의 고백을 듣는다면 아마도
진실 되고 깨끗한 사랑이겠지요

지금 설악에는 하얀 사랑 눈이
하염없이 내리고 있어요

흐르는 강물처럼

한때 강물처럼 유유히 흐르게 했고
솔향 바람처럼 자유로이 머물게 했고
때로는 강렬한 태양마저 삼켜버릴 듯
자석의 양극처럼 절대로 떨어질 수 없었지

시간이 점점이 흐른 후
속절없이 낙화하는 꽃처럼 흩어져 내리니
그대여 인생의 순례 길에서 만난 인연 하나
흐르는 강물처럼 흔적 남기기 말고
가벼운 슬픔으로 지나쳐 가길

강물이 흘러 도도히 바다에 도달하듯이
순항하는 인생되어 만나고 말고

그림자

해거름이면 길게 드리우는 그림자
밟지 않으면 놓칠 것 같아
가쁜 숨 몰아쉬며 뛰고 또 뛴다

임 기다리다 지쳐 목 길게 빼고
달빛을 서성이는 황새처럼
무던히도 퍼덕이는 一念의 몸부림
뛰다가 숨이 차면 쉬고
쉬다가 멀어지면 또 걸으면서
침묵을 쫓아온 세월
끝내 影에 닿지 못하고 땅에 눕는다
별빛 고운 날에도 구름 낀 날에도
언제나 거기 있는 임의 영혼에
속절없이 팔딱거리는 가슴팍
차라리 심장이 멎으면 닿을 수 있을까

길바닥에 쓰러진 육신 위로
희미하게 드리운 影을 쓰다듬노라며
문득, 내가 나를 깔고 누워 있음을 깨닫는다

그리움의 기억

첫사랑의 기억이 남는다는 것은
가슴 떨리는 일입니다
애석한 이별 뒤에
그 사람을 기억하며 마음 한 곳에
아련한 추억으로 남는다면
그 사랑은 아프겠지만
추억을 기억하는 기쁨은 되겠지요
아련한 이별 뒤에 그대와의 추억이
마음에 밀물 되어 온다해도
후회하지 않을 거에요
지난날 애틋한 추억이 내게는
언제까지나 기억되는 행복
영원한 사랑이라 생각하니까요
이렇듯 당신과의 시간이
영원히 기억되기를 바랍니다

그날은 하늘이 붉었습니다

차창에 오래도록 머물렀던 노을빛에
덩달아 눈시울 뜨겁습니다
형용할 수 없는 아픔이 밀려오는 건
가벼운 마음으로 발걸음을 했던 하루가
노란 생강나무에 맺혀 아릿했기 때문

지나는 슬픔이 무엇인지
후회의 이름으로 달려오는 푸른 파도
영흥도에서 기울였던 소주보다
더 쓴 고통이 오래도록 울립니다
슬픈 노래처럼 각인된 하루가
다시는 만날 수 없는 시간이었음을
그렇게 또 한 자락 인연이 가는 것을
흰 눈이 금수산을 덮어버린 4월
따뜻한 봄꽃처럼 고개를 내밀고 싶어집니다

그대 안에서는
발을 헛디디지 않아도 넘어집니다
냉기 아직 남아 있어도 꽃등에 남은 그대
따뜻한 슬픔입니다
그대 마음을 열고 들어갈 수 있다면
얼마나 좋을까요
가슴을 가만히 비벼 봅니다

겨울 바다

바닷새도 떠나고
인적마저 끊긴 쓸쓸한
겨울 바다

갯바위에 앉아
온종일 밀물을 기다렸지만
아무도 데려오지 않는 바다

파도에 부서지는
하얀 기억들을 추슬러
임을 찾아 떠나고 싶다

수평선 너머에서 아른거리는
노을빛 그리움을 향하여
노 저어 가는 돛단배 마음

그다지 멀지도 않은
저만치에서 철썩거리는
파도는 내 마음 아는지

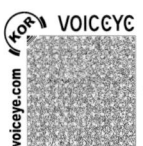

기억의 눈을 감고

가을이 저만치 가고 있나요
제 몫을 다한 시간을 울긋불긋 채색하고
사부작사부작 시간 속으로 가네요

이 가을이 너무 아프네요
뒷모습에 고독만 가득 남기고
그리운 사람 가버린
쓸쓸한 계절이 싫어지네요

기억의 눈을 감고 함께 행복했던
순간들 돌아보며
오직 충만한 기쁨만으로 설레었던
추억 한 자락만 피어오르고

두 번 다시 오지 않을 시간을 지우며
이파리 한 장씩 떨어지듯
마지막 남은 잎사귀마저도
바람에 날리는 기억처럼 멀어지네요

그냥 생각합니다

창밖이 어둡네요
비가 오는지 어둠 때문인지
불분명함이 주는 아련함에
가슴이 저리네요

뭔가 빠트린 것처럼
허전함의 정체가 무엇인지
고개를 모로 하고 생각해보지만
뚜렷함이 없는 걸 보니

해야 할 일을 잊어버리고
그 무엇을 찾아내느라
미간을 좁히다가 그만
그냥 당신을 생각합니다

마음이 편안해지는 것이
분명 화들짝한 웃음의 파장이 주는
따뜻함 때문일 거라
그립다고 되뇝니다

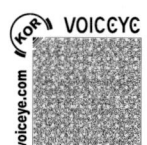

누군가의 긴 바램일 수도
누군가와의 약속일 수도 있는
배롱나무 등걸에 걸린 세월만이
억겁을 돌아 피고지고

3부
커피 같은 사람

커피 같은 사람

그대에게
커피 같은 사람이 되리라

처음엔 쓴맛에 멀리해도
한 번 두 번 삼키다 보면 깊은 맛에 빠져들어
우울할 땐 설탕을 풀고
눈물이 날 땐 크림을 넣어 그대를 위로하며
사랑으로 가슴이 벅차오를 땐
하얀 잔에 행복한 그대 모습을 비쳐 주리라
내 사랑하는 사람아!
어쩌다 쓴맛이 그대를 괴롭힐지라도
익숙해진 그 맛에 나를 잊지 마소

그대에게만은
달콤쌉쌀한 사람이 되고 싶소

유유히 흐르는 강물

노량진 지나 한강철교 건너는 사이
눈부신 광경 하나 펼쳐진다
날마다 새로 쓰는 사경처럼
반짝이는 물결이 뒤척이는 사이
강 건너 초록이 반짝 빛을 내고
버드나무 가지 사이로 휘파람을 부른다

두런거린 구름 사이로 시리도록 파란 아침 하늘
강물에 빠져 모두와 벗 삼아 노닐 때
정겨운 철교는 리듬을 타며 시간을 건너고
인생을 건너서 새 경전을 기록하는 나날들
그 강이 거기서 반짝이니 좋다
용산 지나 한강철교 건너는 사이
노을 비끼는 강물이 유유히 흐른다

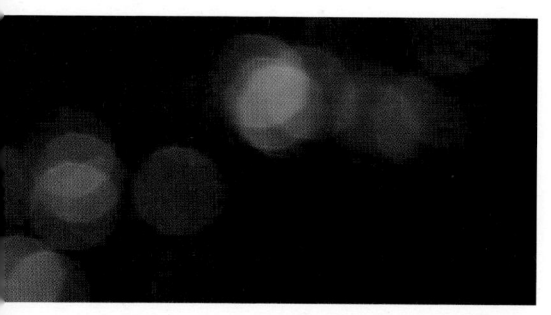
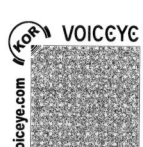

소백산 편지

잘 있는지 궁금합니다
소백산자락 긴 길을 걸어가면
세상에서 가장 멋진 시간을 주지요
생동하는 연초록 이파리로
온통 산을 연정에 빠트린 진달래 무리
가을에는 다람쥐가 도토리를 줍는 갈참나무에
황홀한 색색을 내려주는 능선을 따라 걷다가
힘들고 지칠 때면 뒤돌아보지만
탁 트인 비로봉 정상에 올랐지요
칼바람 부는 전망대에 선 순간
세상에서 가장 아름다운 정상을 봅니다
산그늘의 아련함이 굽이굽이
운해로 장관을 이루어내는 우주의 손길
큰소리로 외쳐봅니다

그대, 평안하시지요

아픔을 안다면

이별이 속삭인다
사랑의 아픔을 안다면
나를 부르지 말라

사랑이 독백한다
이별아 네가
사랑의 아픔을 알기나 하느냐

사랑은
기다림 끝에 매달려
맥없이 말라가는 그리움이란 걸

결국 추억이라는 앨범 속에
한 장의 사진으로 남아
아프게 빛이 바래가는 것을

아픔을 안다면
제발 이별만은 부르지 말 일이다
차라리 영원히 기다리며 살게

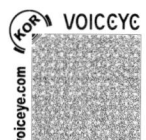

뒷모습이 아름다운 그대

뒷모습이 아름다운 사람은
깊은 정을 가진 사람입니다

뒷모습이 쓸쓸한 사람은
넘쳐나는 사랑을 보듬은 사람입니다

뒷모습이 아련한 사람은
지울 수 없는 추억이 많은 사람입니다

그대 혹여 말할 수 없는 슬픔에 잠겨 있어도
그대 혹여 형언키 어려운 고통에 젖어 있어도

돌아서 보이지 않는 뒷모습에 투영된
다름도 너그러이 수용해 주세요

늘 내 앞을 걸어가는 그대의 뒷모습은
자아를 찾아 최선을 다하고 있습니다

인연 하나

아름다운 인연으로 이어진 그 사람
삶의 향기 품고 행복한 나날을 보낼 수 있다면

이른 봄 소박한 아침 밥상에
매화꽃 망울망울 터지듯 상큼한 날이었으면

힘겨웠던 시간
뒤돌아보지 않고 아름다운 미래만 바라보는
초록 이파리 마냥 싱그러운 날이었으면

모든 시간이 정지된 피차체가 되어도
인내로 겨울을 버텨 온 봄꽃처럼
은은한 사랑의 꽃 피었으면

사랑이란 언어로
가슴 깊은 곳까지 훈훈하게 물들이며 적셔오는
그런 참사랑이었으면

그런 인연 하나 내 곁에 있었으면
좋겠다

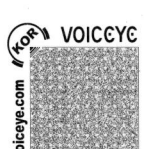

너를 사랑하기에

길을 헤매다가
네가 그리우면 나는 울었다
한없이 내가 미워서
빗물 같은 눈물을 흘렸다

너를 지우기 위해서가 아니라
나를 지우기 위해서 그랬다
길의 끝자락에 서 봐도
언제나 너는 아무 말이 없다

네 목소리 듣고 싶을 때마다
시간을 헤면서 기다림을 배웠다
해가 지고 달이 지는 동안
목맨 그리움은 모두 기다림이었다

보고파 미친 듯 몸부림쳐도
네 마음 알 길 없어 지쳐갈 뿐이다
그래도 너를 사랑하기에
이렇게 너 없는 세상을 견디고 있다

파도의 추억

푸른 물결 춤추는
바닷가를 걷다가 아련히
다가서는 널 만나면 나는

앞으로 나아가지도
뒤로 물러나지도 못하고
그만 철퍼덕 주저앉고 만다

새롭게 태어나기 위한
숱한 시간 속에서
자연스레 지워질 줄 알았는데

끈질기게 철썩거리는 파도여
애절한 소리로 날 울리지 말고
이제 그만 바다를 떠나라

수평선에 누운 석양 따라
어둠 속에 고요히 잠들어라
너 때문에 더는 아프지고 싶지 않으니

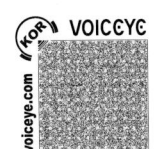

길 위에서

계절의 흐름 속에도
그대 향한 마음이
이승과 저승을 넘나들고 있소

살을 에는 북풍 속에서도
그대 향한 그리움이 들어서면
시린 뼛속을 움켜잡고
또 기다림의 시간을 버티고 있다오

지금도 그대와 해후를 그리면
온몸에 행복한 전류가
물결 치며 흐르고
가슴이 하늘을 향해 벅차오른다오

이제 곧 그대를 만나러 갈 시간이
다가오고 있다오
언젠가는 필연인 듯한 인연
만나야 하며 꼭 만나야 한다

그것이
우리의 운명적 사랑이니까

오솔길 산책

초여름 바람이 살랑대는 몽롱함
어두운 강물은 흘러 어디로 가는지

삘기꽃 지천에서 흔들흔들
무명의 풀인지 꽃인지
들판을 수놓은 싱싱한 야성
입하를 넘긴 강변길
풍성한 초록으로 넘실넘실 요염하고
수수한 오솔길 이어진 밤 산책
강변의 바람 산들산들
자정을 넘긴 나트륨등 긴 꼬리를 무는
정체된 마음 흔들흔들

터벅터벅 번잡한 마음
길을 따라 한가롭게 걷는다

억겁을 돌아 피고지고

기별도 없는 커다란 안개 사이로
잡을 수도 없고 보낼 수도 없이
망연히 바라만 봅니다, 그대
모든 나무의 꽃이 억지로 피지 않고
땅과 물과 바람과 빛의 조화로 흘러감을
생각의 굴레가 천지사방 날아가면

누군가의 긴 바램일 수도
누군가와의 약속일 수도 있는
배롱나무 등걸에 걸린 세월만이
억겁을 돌아 피고지고
하염없이 내리는 눈발 사이로
선운사 부도밭만 소리 없이 아득합니다

절마당 배롱나무만 고요합니다

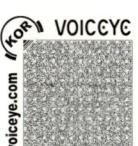

그대 뒷모습

온통 꽃으로 장식한 아름다운 생각
날이 새고 저무는 봄날의 하루입니다

그대 닮은 꽃송이들 찰랑찰랑 소리를 내며
피었다가 지고 또 피었다간
총총히 밤하늘별이 되어 빛납니다

무심히 다가왔다가
차마 끌어안지 못하고 돌아서는
그 분홍빛 향기를 나는 또렷이 기억합니다

그대의 뒷모습
뒷모습에 흘러가는 단칸방 같은 마음이여
쓸쓸한 내 긴 그림자여

꽃이 만발하는 춘삼월의 하루
당신은 무슨 생각으로 끌어안을 건가요

소망 所望

하늘에서 내리는 비 한줄기도
마치 그대가 내게 온 듯 반갑고
적막한 밤에 창문 두드리는 바람 소리도
그대가 들려주는 노랫소리 같아
눈감고 음미하는 그대 향한 나의 애상
하얀 종이 위에 글로 그려내기 위해
곱디고운 시어를 찾아 밤하늘의 별들을 뒤지는
애절한 내 심정 한 폭의 수채화처럼
그려낸 글들이 그대의 가슴속에서
훈훈한 사랑의 꽃으로 피어나
진솔한 사랑의 향기 깊게 드리워져
훈훈한 정으로 알알이 영글기를
간절히 바라고 바라는 소박한 소망을

그대는 아는지

가을빛 사랑

울긋불긋 화폭에 그려진 가을빛이
지나가는 젊음에게 속삭인다
추억을 그리움으로 물들인
너의 진실이 무엇인지

무음의 풀피리 소리가 들려오던
그때가 떠오르면
어디선가 환하게 웃으며 다가올
그대의 환영에 사로잡혀
실바람에 서걱서걱 부대끼는
들녘을 홀로 걸어가고 있다

저 수평선 너머에서 그대가
촛대바위인 듯 존재한다면
나는 오늘도 내일도 붉게 물든
그대를 향해서만 깊어지는
가을 노을이 되고 싶다

그리움의 뿌리는

강물이 잔잔히 흐르기까지
오랜 시간 걱정과 혼란과 아픔이
스스로 식혀지길 기다리는
인내의 세월이었어

더러는 일어설 수도 없는 나약함에
때로는 기억이 상실되는 병약함까지
혹여 폭풍이 몰아쳐 뒤집힐 듯
구토와 현기증을 호소했지

그래도 바람에 지지 않고 서 있어
가만히 서 있는 것처럼 보이지만
그리움의 뿌리는 언제나 너를 향해
비밀스럽게 자라고 있지

그리운 사람아
그립다고만 하기엔
따뜻한 심장을 느끼며 뜨거운 입술도 갖고 싶어
언젠가는 그리움이 꽃이 되어 피리라

고백

온화한 손길로
내 마음의 창(窓)을 두드리신 그대
설레는 마음 가눌 길 없어
살며시 그대 창(窓)을 두드립니다

그대에게 꼭 필요한 내가 되고
나에게 꼭 필요한 그대가 되어

아침마다 잠에서 깨어나
서로 눈빛을 바라볼 수만 있다면
창밖 세상은 온통
우리 것이 되지 않겠는지요

봄빛 물살이 흐르는 저편

연초록 세상이 자꾸만
내 마음을 가만 놔두질 않아 무작정
봄빛을 따라나섰습니다

한참이나 따라간 길모퉁이에서
끊임없이 생각나는 옛길로 끌려가다
부르튼 발 벗고 얼음 녹은 계곡 물에
세월을 담급니다

봄빛 물살이 흐르는 저편
노란 개나리가 손 손 손 내밀고
파릇한 이파리가 계곡 물처럼
눈 비비며 반기는 정겹고 포근한 길

길들은 모두 저렇게
저 쉴 곳을 향하고 있는데
난 언제 저 모퉁이를 돌아 집에 갈까
숙연해지는 시간

서산을 넘는 석양이
내 거칠어진 손을 붙들더니
고요가 삼킨 밀어들을 되뇌면
먼 그리움이 가슴 한가득 채워진다네

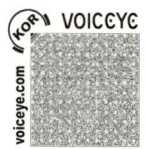

그대의 향기

그대를 처음 만났을 때 사람에게도
향기가 있다는 것을 알았지요
그대만의 독특한 향기가
존재한 것을 알게 되었지요

꽃과 비교할 수 없는 감미로운 향기는
바람이 없어도 나에게 다가와
영혼의 깊은 곳까지 물들이며
황홀경에 빠트리기에 충분하지요

지친 영혼을 가만가만 어루만지는
그대의 향기에 쓰리고 아픈
깊은 상흔을 말끔히 지우며
봄빛처럼 새싹을 피우네요

그대의 재스민처럼 번져오는 향기
그대의 향기가 너무 소중해
비밀스럽게 간직하고 싶어요

나로 하여

내가 있어 오늘
당신이 유익하고 기뻤는지
당신이 행복하고 평온했는지

아무것도 해 주지 못한 채 보낸
하루의 끄트머리를 붙들고
가슴을 찢습니다

그러나 당신이 있어
이렇게 나는 유익하고 기쁘므로
당신이 있어서 행복하고 평온하므로

당신으로 하여 나는
날마다 내일을 꿈꾸며 살 수 있으니
사랑이려오 천년 사랑 나의 당신이려오

나로 하여 당신은
오늘이 비록 자유롭지 못하더라도
당신의 내일은 영원한 평화이므로

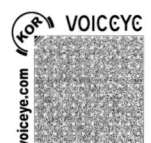

기대고 싶은 마음

풋풋한 봄의 기운이 꿈틀거리며
차가운 겨울에도 속마음 열며

변화되는 계절에 걸터앉아
힘찬 발걸음질 한다

지나는 길목마다 강렬한 봄 시위
어릿한 야생화에 소생의 빛 어리고

일렁이는 고독한 섬
냉가슴도 아스라이 사라져 간다

긴 계절에 불면으로 벅찬 나날이
짙은 봄의 그리움으로 변해

푸른 하늘을 쳐다보지만
나는 또 다른 계절에 기대어 서려 한다

하늘에 걸어 둔 마음

내 마음을 하늘에 걸어 두겠습니다
그대 언제나 바라볼 수 있도록
내 마음의 깊이를 느끼도록

저 높은 하늘에 걸어 두겠습니다
내 마음 활짝 열고 그리움까지 모두
호수 같은 맑은 색깔로

저 하늘에 걸어두고 살렵니다
늘 같은 곳을 바라보며
같은 생각을 할 수 있도록

그대여,
내 하늘에 걸어 두십시오
백옥같이 하얀 그대의 마음도

가을 연주

가까운 듯 먼 곳에서 들리는
귀뚜라미 노랫소리가 구슬프다

임 찾아 이별 앞에서 우는 건지
밀려오는 단조가 아프다

어둠에 웅크려 모습도 없이
번지는 저 사랑을 위한 세레나데

밤을 가로질러 연주하는 그리움에
번개처럼 스미는 미움마저도

사랑이어라 이제는 사랑이어라
보고 싶어라, 그대

가을, 고독아

오색 단풍 속에 스며
내 마음도 온통 가을 색깔로 물들어 간다

홀로 리기다소나무에 기대어 선 밤
더욱 외로워지는 것은 미숙해서일까

가을 고독은 쓸쓸히 비치는 달빛과
낙엽으로 뒹구는 외로움을 닮았다

나보다 더 서글프게 흐느끼는 달빛마저
어디론가 훌쩍 떠나라고 재촉이다

가을, 고독아
아침이 오기 전에 훌쩍 함께 떠나보자

잠들기까지의 시간은 항상 초조하다
그것은 불현듯 괴로움이 되고 고통이다
저처 없이 발걸음을 옮길 때까지도
스스로 아무런 문제가 없다고 여겼다

4부
중독된 향기

중독된 향기

너의 향기를 못 맡으면
힘이 빠지고 정신마저 혼미해진다
그래서 난 네 곁에서
한 발자국도 떨어져 살 수가 없다
산 같은 파도가 밀려와도
너의 향기를 감싸 안고 죽겠다
너의 향기가 마약이라 하여도
난 기꺼이 배가 터지도록 마실 것이다
배가 터지면 또 어떠리
너의 향기에 중독된 지 이미 오래인걸

잊지 마요

아무리 그리워도
아무리 보고 파도
참기로 한 약속 잊지 마세요

아무리 힘들어도
아파하지 말고
이겨내자는 말 항상 기억하세요

겨울 지난 대지 위에
방긋이 움 틔우는 새싹들을 봐요
참고 기다린 만큼 얼마나 고운지요

기쁨은 이렇게
죽은 듯 살아있는 자연의 생명처럼
어느 날 소리 없이 환희로 솟아나지요

가슴 속에 심은 사랑
곱게 움트는 날 진정한 기쁨
한 가슴 담아 키우며 잊지 말아요, 우리

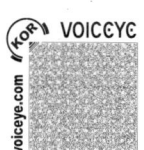

이별

인연의 끈으로
심장 깊은 곳에 자리한 너
은하수 건너 달무리에 그대 얼굴 그려본다

저 밤하늘 달도 별도
나만큼 너를 그리워할까
눈물의 그리움으로 파고드는 혼돈의 예감

떠돌이별을 더욱 외롭게 하는 것은
다시 찾아올 것 같은 정착
서서히 존재가 잊히는 것 때문이야

변질한 무채색의 마음에
다시 이별의 편지를
준비하며 목련꽃 지듯 아파한다

불면의 나날

쉽게 잠을 이룰 수가 없다
극도의 피곤함에 눈을 감고 누워보지만
불안한 심장의 고동 소리에
자리를 박차고 일어나곤 한다
불편한 것도, 잊어야 할 무엇도 없는데
잠들기까지의 시간은 항상 총총하다
그것은 불현듯 괴로움이 되고 고통이다
정처 없이 발걸음을 옮길 때까지도
스스로 아무런 문제가 없다고 여겼다

요요한 도솔천 상사화 사위고
앙상한 꽃대만 남아도
다음 해를 기약하며 버틸 수 있었다
절정의 정염을 부었던 시간마저도
아득한 시간 속으로 사라지고
알 수 없는 고독이 나를 부르는 소리
근원도 없는 불안의 실체를 모른 채
몇 번이고 잠을 청하지만
결국 소주잔을 기울이고 말았다

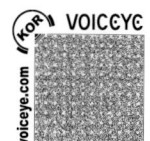

조가비 눈물

너를 잃은 가슴은
바닷물처럼 파랗게 멍이 들고
파도가 휩쓸려 간 모퉁이
홀로 남겨진 아픔을 씻으며 살아온 세월

문득 떠오르는 너를 생각하다
바닷가에 피어난
이름 모를 풀꽃에도
별빛 그리움이 있음을 알게 되었다

저물녘이면 갯바위에 앉아
어김없이 어깨에 기대오는 외로움을 달래며
바다를 움켜쥐고 홀로 우는 갈매기도
달빛 가슴이 있다는 것도 알게 되었다

그랬다, 힘든 삶 속에서 저들보다
더 그립고 더 많은 눈물을 흘렸지만
소박한 나를 추스를 수 있음은
네가 가슴속에 살아 숨쉬기 때문이다

이제 희미해져 가는 눈으로
저 하늘의 별을 볼 수는 없지만
더듬더듬 지울 수 없는
달빛 마음을 훔쳐내는 소라의 눈물

당신의 전화를 기다리는 동안은

당신의 전화를 기다리는 동안
너무 행복합니다
눈을 뜨면 몰아치는 그리움 간직하고
미소로 그대 전화를 기다립니다
마음을 타고 건너올
그대의 목소리를 상상합니다
여보세요 할지 내 이름을 불러 줄지

아니면 내가 먼저 그대의 전화를 받고
목소리를 높여 그대 이름을 부를지
시치미를 떼고 낮은 목소리로
그대가 내 이름을 불러주길 기다리는
기대만으로도 상상만으로도
나는 당신의 전화를
기다리는 내내 너무 행복합니다

또 다른 나에게

겨우내 꽁꽁 얼어붙은 내 가슴에
몰아친 작은 소요들
아픈 기억으로 마음의 빗장을
꼭꼭 묶어 두었는데

늘 슬픔만 있는 것은 아니지
나를 찾아온 하나의 사랑 때문에
힘없이 무너지는 마음의 벽
이제 누구에게 물어볼까요

밤하늘 별에게 아니
또 다른 나의 그림자에게 물어봅니다
하얀 도화지 위에 그대
그려봐도 좋은지를

불현듯 찾아온 또 다른 나를
그대로 맞이해도 되는지를

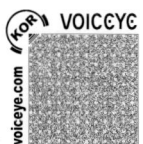

산행 후에

오랜만에 오르락내리락 다다른
가을 운악산에 올라 깊은 호흡 새겨 본다
산 넘어 산이요 하늘 아래 산이요
온통 억새꽃 흔들흔들 우수수
하얗게 햇빛 받아 산을 물들인다
산행 후에 온몸이 쑤시고
팔다리 관절이 놀라서 욱신욱신 저리고
아프지만 기분 좋은 가을산행이 주는 묘미
풍성함의 여백과 시원한 하늬바람
또 기다려진다

산이 거기 있어 나는 또 간다

내가 가는 길

봄이면 연초록빛 드리우고 나타난 당신

그거 아세요
당신은 내 인생의 최고 행운의 여신이란 걸
흐르는 시간이 너무나 민숭민숭하고
나른했던 때때로 그대를 만나 행복했고
환희 속에 가슴 벅찼지요
소중히 품고 있던 그대 향기가
오늘따라 더욱 그립군요
여기저기 그대의 아름답고 고귀한
자태의 그림자를 찾아 나섰네요
내가 살아 숨 쉬는 동안
내 영혼이 맑아질 때까지
연둣빛으로 싹틀 때까지
당신을 노래하며 길을 나서 봅니다

오늘도 내일도 그대의 흔적을 찾아서

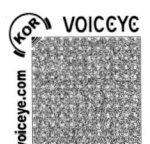

당신의 미소

눈을 감으면
당신의 미소가 보입니다
미소 뒤에 따라오는 장난스러운 눈웃음까지
눈을 감고도 다 볼 수 있습니다

당신의 미소를 생각하면
말문 터진 아이처럼 조잘조잘
장난스러운 입꼬리가 초승달 같아
동심 어린 표정에 파안대소

당신의 미소를 생각하면
봉은사 지장 전에 넉살 좋은
염화시중의 환한 얼굴의 지장보살
피어나는 말간 연꽃이 숨어 있습니다

생애를 가득 메우고도 남을 당신의 미소가
오늘은 가을 하늘에 피어납니다
은은한 연꽃 향기와 함께

추억을 위한 래시피

전화선을 타고 오는 감미로운 목소리 한 스푼
바운스바운스 심장에 피어나는 로즈메리 한 줌

고명에는 따스한 웃음을 버무린 기다림 약간
그렇게 당신은 가득한 햇살로 옵니다

생각만으로 미소 짓게 하는 그때 그 시절
적당한 온도와 양념으로 잘 버무려
한입 크게 먹어 봅니다

매워도 좋고 달달하면 더 감미로운
추억의 재료가 마음에 한 상 가득합니다

인생에 풍미를 더해줄 그대를
오늘은 풍성한 식탁으로 초대합니다

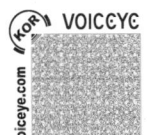

독백

나뭇가지는
모든 이파리를 대지에 내려주고
앙상함으로 고개를 숙인다
저 바람은 어디서 불어오는가
몸속의 물기마저 말라 비틀어져
서 있을 기운조차도 없다
내 안에 바람뿐이다
지나간 시간은 모두 허송세월이었고
남은 시간마저 앞이 보이지 않게
멀고 멀다 뼈저린 후회는
공허 속에서 생을 녹이고
겨울 삭풍이 마당 가득
슬픔을 뱉어 놓는다
무엇을 가지고 갈 것인가
나는 무엇을

갈바람

사랑스러운 그대
어스름 깔리는 강으로
거슬러온 바람이 고운 마음을
마구 흔들더라도 내버려 두시구려

뚝뚝 떨어지는 가을의
아픔도 모르는 바람이 어찌
낙엽 한 잎이라도 감싸 주려는
기막힌 사랑을 알겠는지요

세상 모두를
자기 잣대로만 재는 바람
차라리 불쌍해 침묵으로 바라보지만
더는 견딜 수가 없습니다

그래서 오늘 세상 모퉁이에
늘 푸른 나무 한 그루 심습니다
고결하게 키워 뭇 사람들에게
갈바람의 위선을 알려주고 싶어서요

진실인양
살랑살랑 다가와 이곳저곳
눈물을 뿌리는 갈바람의 비굴함을
정직한 세월이 왜 모르겠습니까

착한 그대여
세차게 불어오는 바람의 허상이
순수한 사랑 앞에 무릎 조아리는 날까지
그저 참으시구려

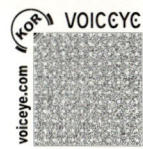

연꽃

관곡지 깊은 바닥이 들썩이네요
겨우내 갈라진 틈 사이로
하늘과 바람과 속삭이듯 달려오는
발걸음을 기도 삼아
한 톨 한 톨 가슴에 품은 억겁의 인연
수만 송이 꽃잎 사이에 오롯한 보살행이
연분홍 만월로 피었네요
절 마당에 앉은 순전한 관음보살처럼
극락정토를 향해 두 손 들고 합장하듯
수많은 기원이 그 속에서 피었네요
하늘과 땅을 보듬어 환한 꽃
은은한 인연꽃이 피었네요

무아지경

달도 차면 기우나니
가고 오지 않는 세월처럼
흘러간 강물은 이미 바다로 들어서듯이
태양마저 빛을 잃어간다

생활은 여백이 없다
가득한 것은 부족함만 못하나니
허허실실이다
많던 웃음과 친구는 어디로 갔나

지저귀던 새들은 모두 철새들이었을까
나무도 어제의 과실을 주지 않고
있음이 곧 없음이었던
삶은 오만한 나를 무릎 꺾는다

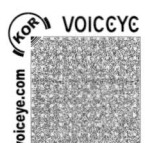

희망의 무지개를 찾아

손에 아무것도 쥔 것 없이
벌거숭이로 세상에 태어나 하늘을 이불 삼아
땅을 베게 삼아 별을 헤며
눈물마저 사치가 되어버린 시간

눈을 떠서 바라보는 것마저 힘이 없고
입을 열어 말하는 것마저 생동이 없으니
나고 사는 것이 고생이로다
아무것도 할 수 없는 것은
살았으나 죽은 목숨이니

계절은 가도 새로운 날들이 오나니
동토에 여린 순이 땅을 뚫고 올라오듯이
먹구름으로 온 세상 어둠 속에
방황하고 갈 길을 잃었으나
구름은 물러가고 따스하고 강렬한 태양이
푸름 가득한 대지에
벌 나비 모여들어 온통 밝다

인생에게

너무 오랫동안 자리를 비웠습니다
비운만큼 채워진다고 하던가요
아무것도 없었고
지금도 공백이 아니라 여백으로 남은
삶의 시간이 고맙고 고맙습니다
시간이 진행형이듯이
나도 공 가운데서 소멸과 생성을 거듭하며
날마다 진행형입니다
마음을 비웠으니 가득히 채워야 하고
가득 채웠으니 불필요함으로 버려야 하는
무소유가 소유인 인생아
고맙고 고맙습니다

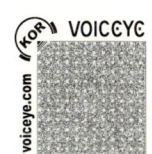

일몰의 시간

제 힐 일 다 하고 긴 그림자로
넘어가는 해를 본다
푸른 하늘 끝에 피어나는 노을은
유월의 장미처럼 아름답다

이토록 생생하고 유유한 삶을 무엇에 견줄까
종달새도 나를 위해 지저귀고
치자나무 향은 은은한 바람 속 떠돌고
계곡의 감로수마저 이생의 기쁨을 노래하며
우주가 모든 조화를 이룬다

남은 날 내게 주어진 유한한 시간 안에서
모든 것은 충만하며 지혜롭기까지 하다
내게 주어진 수만 가지 기쁨은
가득한 인생의 여유를 선물한다

내 인생의 달력

서두를 것도 없고
지체할 수도 없는 시간이다
목 길게 내밀며 느긋했던 날도 있었고
반 토막 난 월력을 보며 안타까워도 하지만
더러는 무의식적으로 걸어가고
때때로 안타까워 들어온 것일 뿐
어제의 오늘이 지금이듯이 오늘이
내일의 현재이듯이 아쉬울
그 무엇도 없이 서운할 그 무엇도 없이
시간은 흘러가는 것
시간은 계속 변해가는 일
징검다리도 없는 시간을 어찌해볼까
달음질치는 나이를 무슨 일로 막을까
오십 평생 내 인생의 달력에서
하나둘 지울 시간만 남아 있나
앞으로 오는 시간도 어제
오늘의 시간이니 기쁨으로
설렘으로 지금을 지탱해보자

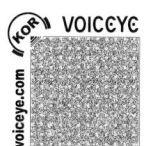

국학기공

새벽마다 정열의 꽃씨를 뿌린다
산새들은 숲 속의 합주곡으로 응원하고
여명 속의 해님 땀 한 줌의 거름 삼고
방긋 웃는 얼굴에 행복의 꿈 실어본다

백두산을 깨우는 힘찬 기합 소리
젊은 혈기 중년의 꿈 노년의 활력
양 손 나빌레는 우아한 전통무술이
전국 공원에서 희망으로 피어난다

파릇파릇 청춘의 새싹이 돋는다
삼백예순날 눈 비비고 시작한 영혼의 기상
합심하여 기를 모으니 국학기공 사람들
힘찬 기운 모아서 튼튼한 이화理化세상 세워간다

북놀이

둥~~~둥~~~둥~~~
덩구덩~~ 궁따~~
북을 치는 북채가 춤을 추는구나
오방띠 두른 놀이마당 흥겹구나
꽹과리 신명 나게 마음을 두드리니
설장구에 어깨춤 두둥실 하늘로 날아오르네
어느 장단 어느 몸짓 이렇듯 흥겨울까
한바탕 난리법석 다 어울리니
진도북놀이로 세상을 타고 꽃처럼 피어나네
둥~~~둥~~~둥~~~
궁따다~~ 궁따~~
살풀이 중머리 휘모리—
엇박자 가락까지 한바탕 신명 나게 돌아 나니
진도 앞바다 천년의 역사 일어나고
깊은 물길 돌아 세상이 춤을 추니
바다와 하늘이 손잡고 덩실덩실
북소리 울리는 화통한 세월이라네

천년의 북 두드리는 사람아
설장구 두드리는 손짓아
전남 무형문화재 18호로 이어가는
진도북놀이로 역사를 두드려 보세
둥~~~둥~~~둥~~~
궁따다~~ 궁따

진도북놀이 / 이종덕 작사

진도 북놀이 두드리는 북체가 춤을 춘다 천년의 바닷길이 열린다 엇박자 가락에 한바탕 신명나게 어울리니 화통한 세월이 흥에 겹구나 살풀이 중모리 휘몰이 설장고 두드리는 손짓아 오방 띠를 두르고 더엉실 덩실 내 마음은 어느새 깃털처럼 떠다니누나 꽹과리도 신이 나서 어깨춤이 절로난다 어느 장단 어느 몸짓이 이리도 흥에 겨울까 바다와 하늘이 손잡고 덩실 더엉실 더덩실 진도북놀이 천년으로 살아 숨쉬는 우리 북놀이

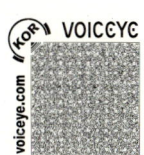

```
국립중앙도서관 출판예정도서목록(CIP)

커피 같은 사람 : 이종덕 시집 / 지은이: 이종덕. -- 서울 :
담장너머, 2015
    p. :    cm. --  (Over a wall poetry ; 21)

    ISBN  978-89-92392-39-6 03810 : ₩10000

한국 현대시[韓國現代詩]

811.7-KDC6
895.715-DDC23                           CIP2015028794
```

인지생략

Over a Wall Poetry
21

2015년 10월 23일 초판 1쇄 인쇄
2015년 10월 31일 초판 1쇄 펴냄

지은이 | 이종덕
펴낸이 | 송계원
디자인 | 송동현 한상욱 정선
사 진 | 이옥선 송동현
제 작 | 민관홍 박동민 민수환
펴낸곳 | 도서출판 담장너머
등 록 | 205년 1월 27일 제2-4102
주 소 | 100-272 서울시 중구 퇴계로36나길 19-13, 105호
전 화 | 02-2268-7680
팩 스 | 02-2268-7681
휴대폰 | 010-8776-7660
이메일 | overawall@hanmail.net
카 페 | http://cafe.daum.net/overawall

2015 ⓒ 이종덕

ISBN 89-92392-39-6 03810
값 10,000원

*파본은 본사나 구입하신 서점에서 교환해드립니다.

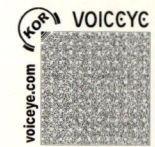